Die

Reichsfinanzreform

ihre Gründe und ihre Durchführung.

Von Dr. Hermann Rehm,
Professor der Rechte in Straßburg.

. . . München 1903 . . .
J. Schweitzer Verlag (Arthur Sellier).

Die Reichsfinanzreform,

ihre Gründe und ihre Durchführung.

Von

Dr. Hermann Rehm,
Professor der Rechte in Straßburg.

München
J. Schweitzer Verlag (Arthur Sellier)
1903.

K. b. Hof- u. Univ.-Buchdruckerei von Junge & Sohn in Erlangen.

Inhaltsangabe.

§ 1.

Einleitung [1]).

Seit die offiziöse Note, welche im August dieses Jahres den Rücktritt des Reichsschatzsekretärs Freiherrn von Thielemann als bevorstehend ankündigte, diese Tatsache mit Fragen der Reichsfinanzreform in Beziehung setzte, bildet dies Thema wieder ein ständiges Kapitel in den Erörterungen der der praktischen Politik gewidmeten Presse. Im nachfolgenden sei es einem Vertreter der politischen Theorie verstattet, zu dieser so überaus wichtigen und ernsten Angelegenheit das Wort zu nehmen. Wir sprechen zuerst von den Gründen der Reichsfinanzreform.

Erster Abschnitt.

Die Gründe der Reichsfinanzreform.

§ 2.

Die Notwendigkeit der Reform vom Standpunkt des Reiches aus.

Reichsfinanzreform bedeutet Verbesserung der wirtschaftlichen Lage des Reiches und ihrer Rückwirkung auf den Staatshaushalt der Einzelstaaten. Hieraus erhellt, daß eine Umgestal-

---

[1]) Die Abhandlung bildet die Grundlage eines im kaufmännischen Verein zu Mannheim am 19. Oktober 1903 gehaltenen Vortrages.

tung des Reichsfinanzwesens sowohl durch die finanziellen Verhältnisse des Reiches wie durch diejenigen seiner Gliedstaaten gefordert wird.

Die offizielle praktische Politik, d. h. die Politik der verbündeten Regierungen, hat die Notwendigkeit einer solchen Umgestaltung bislang immer in erster Linie aus den finanziellen Verhältnissen der Einzelstaaten vertreten. In dieser Richtung bewegt sich die Miquelsche Denkschrift derselben über eine anderweite Ordnung des Finanzwesens des Reiches vom 21. Nov. 1893 und in gleicher Weise die Denkschriften des Bundesrates zur Erläuterung der Etatsentwürfe der Rechnungsjahre 1902 und 1903 [1]). Die Theorie dagegen huldigt im allgemeinen der Anschauung, daß eine solche Reform ebenso sehr durch die Verhältnisse des Reiches gefordert werde. Diese Ansicht beherrscht vor allem die Schriften des früheren Unterstaatssekretärs in Straßburg und jetzigen Professors der Staatswissenschaften in München Georg von Mayr „Zur Reichsfinanzreform" 1893 und „Die Reichsfinanzreform insbesondere vom staatsrechtlichen Gesichtspunkte aus" 1902 und von der nämlichen Meinung ist getragen die eingehende Monographie über unseren Gegenstand von Gerichtsassessor a. D. Köppe, „Die Reichsfinanzreform" 1902. Auch wir halten dafür, daß eine Umgestaltung des Finanzwesens des Reiches vom Standpunkte des Reiches aus in gleicher Stärke notwendig ist, wie vom Standpunkte der finanziellen Verhältnisse der Gliedstaaten. Der verschiedene Standpunkt ist praktisch bedeutsam. Würde lediglich die Rückwirkung der Haushaltsführung des Reiches auf die Finanzlage der Einzelstaaten die Reichsfinanzreform erforderlich erscheinen lassen, so vermöchte dieselbe ohne Erhöhung von Steuern zu geschehen. Heischt die Finanzlage des Reiches selbst

---

[1]) Siehe auch Buchenberger, Finanzpolitik und Staatshaushalt im Großherzogtum Baden in den Jahren 1850—1900. 1902 S. 33.

eine solche Umgestaltung, so ergibt sich, daß ihre Durchführung ohne gesteigerte Geltendmachung des Steuerhoheitsrechtes schlechterdings unmöglich ist. Wir erweisen zuerst ihre Notwendigkeit vom Standpunkt des Reichshaushaltes aus.

I.

A. 1. Ein Satz geschichtlicher Erfahrung ist es, daß Kleinstaaten und Universal- oder Weltstaaten nicht die Garantie langer Dauer in sich tragen. Nur Groß- oder Nationalstaaten kennzeichnet das Merkmal festen Gefüges. Von diesem Erfahrungssatze her sehen wir, wie in der modernen Zeit nicht Weltstaaten, sondern nur Weltstaatenbünde, Vereine, welche viele Staaten umfassen. gebildet werden, und andererseits Kleinstaaten zu Gesamtstaaten, zu Bundesstaaten sich zusammenschließen. Solche Bundesstaaten der Neuzeit stellen die schweizerische Eidgenossenschaft, die nordamerikanische Union, Mexiko, die vereinigten Staaten von Venezuela, von Brasilien und die vereinigten Staaten von Deutschland, das Deutsche Reich dar.

2. Wesen und Zweck des Bundesstaates geben demselben eine andere finanzielle Organisation als den Gliedstaaten, aus welchen er besteht. Die finanzrechtliche Organisation des Bundesstaates weist gegenüber derjenigen des Einzelstaates Vorteile und Nachteile auf.

a) Der finanzorganisatorische Vorteil des Bundesstaates im Vergleich zum Einzelstaate besteht darin, daß der Bundesstaat seinem Wesen nach nicht bloß, wie der Einzelstaat, von den Untertanen Steuern, sondern auch von seinen Gliedern, den Gliedstaaten, Beiträge zu erheben vermag. Der Bundesstaat ist Staat und Bund zugleich. Als Staat besitzt er eine unmittelbare Herrschaftsgewalt über Individuen, über die Untertanen der Gliedstaaten. Sie sind auch seine Untertanen. Als Bund steht ihm im Zweifel ein Anspruch auf Bundesbeiträge seiner Mitglieder zu. Der Staatenbund ist ausschließlich und allein auf Beiträge seiner Mitglieder angewiesen, der Einzelstaat vermag lediglich Untertanensteuer zu schaffen, dem Bundesstaat als Staat und Bund zugleich ergeben sich doppelte Einnahmequellen, Untertanensteuern und Bundesbeiträge seiner Glieder.

b) Aber diesem Vorteile bundesstaatlicher Finanzorganisation stehen auch erhebliche Nachteile gegenüber.

α) Vor allem fehlt den Bundes- oder Matrikularbeiträgen der Mitglieder ein wesentliches Erfordernis einer guten und brauchbaren Finanzquelle, das Erfordernis nachhaltiger Beweglichkeit. Das oberste Prinzip des Bundesstaates ist Gleichheit der Bundesglieder nach Recht und nach Pflicht, nicht quantitative Gleichheit, die Ungleiche gleich behandelt, sondern qualitative Gleichheit, die Ungleiche nach Verhältnis behandelt. Wohl läßt sich die Höhe des Bundesbeitrags nach der Bevölkerungsziffer der Gliedstaaten abstufen und so die wirtschaftliche Verschiedenheit der Gliedstaaten berücksichtigen. Aber diese Abstufung nach der Bevölkerungszahl reicht nicht aus, um die Unterschiede finanzieller Leistungsfähigkeit völlig zu decken. Auch wenn gleiche Bevölkerungsziffer, bestehen Unterschiede, je nachdem mehr Gebirgs- oder Flachland, Binnen- oder Küstengebiet, Stadt- oder Landbevölkerung, Ackerbau- oder Handels- und Industriestaat. Um Miquels berühmtes Beispiel aus dem verfassungsberatenden Reichstag des norddeutschen Bundes anzuführen, die Leistungsfähigkeit von 100000 Bremer Bürgern ist eine andere, als die von 100000 Bewohnern der Höhen des Thüringerwalds. Und doch lassen sich diese Unterschiede bei Bemessung der Höhe der Beiträge unmöglich zur Zufriedenheit aller berücksichtigen, sollen nicht auch Differenzierungen der Rechte, vorzüglich des Stimmrechtes, unter Staaten gleicher Seelenzahl gefordert werden. Die Matrikularbeiträge wirken somit kopfsteuerartig und Kopfsteuern sind als eine rohe Besteuerungsform finanzpolitisch verwerflich.

β) Dazu aber zwei weitere aus den Zwecken des Bundesstaates fließende Nachteile.

Bundeszwecke sind in erster Linie nicht wirtschaftliche, sondern politische Aufgaben. Daher fehlt dem Bundesstaat grundsätzlich eine Haupteinnahmequelle oder sie ist bei ihm wenigstens nicht in beträchtlicher Höhe vorhanden: die Erwerbseinkünfte, die Einnahmen aus Domänen, Eisenbahnen, Posten und ähnlichem. Bei Preußen betragen nach dem Etat für 1902 diese Einkünfte netto 537 Mill., darunter 441 aus Eisenbahnen. Für das Reich machen dieselben Erwerbseinkünfte nach dem Voranschlag für das gleiche Rechnungsjahr nur wenig mehr als ein Sechstel hievon, nämlich nur 87 Mill. aus, darunter aus Eisenbahnen lediglich 20 Mill., bloß $^{1}/_{22}$ der Einnahmen Preußens aus dem Betrieb von Eisenbahnen. Somit ist der Bundesstaat in viel erheblicherem Umfange auf die Untertanen belastende Einnahmequellen, auf Geltendmachung seiner Abgabenhoheit, angewiesen, als dies beim Einzelstaate der Fall ist.

Und dann folgt aus der besonderen Art der Bundeszwecke noch ein weiteres.

Bundesstaaten werden, wie wir sahen, vor allem gebildet, zum Zwecke verstärkten Schutzes der Existenz der Einzelstaaten. Bundeszweck ist der sogenannte staatliche Machtzweck und Bundesangelegenheit daher die gemeinsame diplomatische und militärische Vertretung nach außen, die Verwaltung des Auswärtigen und von Heer und Marine. Diese drei Verwaltungszweige haben aber das gemein, daß die Ausgaben für sie zwar nicht politisch und volkswirtschaftlich, wohl aber finanzwirtschaftlich unproduktive, d. h. nicht rentierende, sich selbst verzinsende Aufwendungen darstellen. Demgemäß hat der Bundesstaat besonders teuere, besonders viel Einnahmen verzehrende Aufgaben zu erfüllen, dies, obwohl ihm erhebliche Erwerbseinkünfte fehlen. Somit ergibt sich auch hieraus die Notwendigkeit für den Bundesstaat, sich vorzüglich derjenigen Einnahmequelle zu bedienen, welche die Untertanen belastet, d. h. die Notwendigkeit der Geltendmachung der Besteuerungshoheit. Der Etat des Deutschen Reiches für 1903 beziffert sich auf der Ausgabenseite, was die eigenen Bedürfnisse des Reiches (Gegensatz: Überweisungen an die Gliedstaaten) angeht, auf 1875 Mill. Mk. Große Posten daraus sind die Ausgaben für Kriegsinvalide: 49 Mill., an Pensionen: 77 Mill., für das Reichsamt des Innern: 78$^1/_2$ Mill., hierunter vor allem die Ausgaben für die Invalidenversicherung; dann der Posten Verzinsung der Reichsschuld 99 Mill.; aber wie weit stehen sie hinter dem größten Posten, den Ausgaben für Auswärtiges, Heer und Marine, zurück! Dieser beläuft sich auf 46 (Auswärtiges Amt einschließlich Chinaexpedition) + 221,8 (Marine) + 648,8 (Heer) = rund 917 Mill., d. i. nahezu die Hälfte aller Ausgaben. Wohl findet sich auch sonst noch eine sehr große Post im Ausgabenetat, rund 435 Mill. für Post- und Telegraphenverwaltung, aber ganz abgesehen davon, daß dieselbe immer noch um ungefähr 214 Mill. hinter den Ausgaben für das Reichsheer zurückbleibt, ist dies eine finanzwirtschaftlich rentierende Ausgabe: im Einnahmeetat steht gegenüber: aus Post- und Telegraphenverwaltung 456 Mill. Also liefert dieselbe sogar einen Einnahmeüberschuß, verursacht keine Nettoausgabe.

3. Nach alledem gehört es zum finanzpolitischen Wesen des Bundesstaates, daß er in ganz besonderem Maße auf Steuern angewiesen ist. Sein Charakteristikum muß mit Fortschreiten der Ausgaben ein Ansteigen der von den Untertanen zu erhebenden Abgaben sein.

B. Betrachten wir auf diese Frage hin das Deutsche Reich, so tritt uns allerdings ein beträchtliches Ansteigen solcher Abgaben — zu ihnen rechnen die Zölle, die Steuern im engeren Sinne und die sog. Reichsstempelabgaben — entgegen. 1878/79, also vor 25 Jahren, betrugen die Einnahmen hieraus rund 237 Mill. Mk. Im Etat für das Rechnungsjahr 1903 sind die Einnahmen aus Zöllen, Verbrauchssteuern und Reichsstempelabgaben auf 903 Mill. Mk. veranschlagt, also nahezu auf das Vierfache des Betrags von 1878/79. Und es erscheint dies auch angemessen; sind doch nur die Hauptausgaben des Reiches, d. h. diejenigen für Erfüllung des Machtzweckes, seit dieser Zeit von rund 450 Mill. auf, wie wir bereits wissen, 917 Mill. gestiegen. Daher vermag die Meinung erweckt zu werden, das Deutsche Reich habe sich finanziell dem Wesen des Bundesstaates entsprechend entwickelt.

C. Allein das Bild ändert sich sofort, wenn wir feststellen, daß von dieser Einnahme aus Reichszöllen, Verbrauchssteuern und Reichsstempelabgaben nur weniger als die Hälfte für Reichsausgaben verwendet wird. 542 von diesen 903 Mill. werden vom Reiche an die Gliedstaaten hinausgegeben. Dem Reiche verbleiben lediglich 361 Mill. Ihnen stehen allein für Auswärtiges, Heer und Kriegsmarine 917 Mill. Ausgaben gegenüber.

Wie werden nun die hievon überschießenden 556 Mill. gedeckt? Durch außerordentliche Steigerung der Matrikularbeiträge?

Allerdings sind diese ziffermäßig seit 1878 ganz bedeutend gestiegen. Damals ist ihre Ziffer 70 Mill.; heute 566, somit das achtfache mehr. Aber tatsächlich leisten die Gliedstaaten im Jahre 1903 ein Drittel von dem an Bundesbeiträgen, was sie 1878/79 leisteten; damals 70 Mill., 1879/80 72 Mill.; heute nur 24 Mill. Denn den 566 Mill. nomineller Matrikularbeiträge stehen 542 Mill. Überweisungen gegenüber: 566—542 macht 24.

Wie ist dies Kunststück möglich: Herabminderung der Bundesbeiträge trotz gewaltiger Steigerung der Ausgaben: damals 784, heute 1875 Mill.? Die Antwort liegt klar. Am 1. April 1877 betrug der Anlehensschuldenstand des Reiches nur 16,3 Mill. Mk.;

am 1. April 1902 belief er sich auf 2733½ Mill., somit nahezu auf 171mal soviel, als vor 25 Jahren. Der Etat für 1902 hat einen weiteren Anleihekredit von 113 und derjenige für 1903 sogar einen solchen von 160 Mill. hinzugefügt. Daß die wirtschaftliche Lage eines Gemeinwesens, welches innerhalb eines Vierteljahrhunderts weit mehr als 2½ Milliarden Anlehensschulden kontrahiert, reformbedürftig ist, bedarf keines Beweises, zumal wenn der weitaus höchste Betrag dieser Schulden für finanzwirtschaftlich nicht rentierende Zwecke ausgegeben wird. Ende 1899 betrug der Gesamtschuldenstand 2355½ Mill.; 1934,5 Mill., somit nahezu fünf Sechstel hievon, entfielen auf Heer und Marine, auf ersteres 1552, auf letztere 382 Mill. Im Jahre 1891 hat das Reich 35,9 Proz. seines Eigenbedarfs, also mehr als ein Drittel seiner Ausgaben für eigene Zwecke, durch Anleihe gedeckt!

D. Für uns handelt es sich darum, den Grund dieser ganz exorbitanten Schuldensteigerung und damit jener Reformbedürftigkeit des Reichsfinanzwesens festzustellen.

Man hat ihn in Verschiedenem gesucht. Ich glaube ihn auf einen einzigen Punkt zurückführen zu sollen, aus dem sich alle anderen als Wirkungen ergeben, auf die Umgestaltung der Reichsfinanzordnung im Jahre 1879, also auf die Frankensteinsche Klausel und ihre Fortbildung durch das Reichsstempelgesetz von 1881 und das Branntweinsteuergesetz des Reiches von 1887.

II.

A. Für das Jahr 1879 waren die Einnahmen des Reiches aus Zöllen und Tabaksteuer auf 130 Mill. Mk. geschätzt. Durch das Zolltarifgesetz vom 15. Juli 1879 erfuhren Zölle und Tabaksteuer eine wesentliche Erhöhung. Schon im Etatsjahr 1880/81 brachten sie dem Reiche nahezu 163 Mill. ein, während ihr Effektivvertrag für 1879/80 sich nur auf 136 Mill. belaufen hatte. Allein § 8 jenes Zolltarifgesetzes, eben dieser Antrag Frankenstein, bestimmte, was das Reich an Zöllen und Tabaksteuer über 130 Mill. Mk. hinaus einnehmen würde, sei von nun an den Einzelstaaten hinauszugeben — im Etatsjahr 1880/81 also bereits 33 Mill. —, und durch weitere Gesetze, das Reichsstempelgesetz von 1881 und das Branntweinsteuergesetz von 1887, wurden den Einzelstaaten ferner die Einnahmen des Reiches aus der sog. Börsensteuer und der Branntweinverbrauchsabgabe und zwar beide in ihrem vollen Nettobetrage überwiesen. Jede Erhöhung der Zölle und der genannten Steuern kam demgemäß nicht dem Reiche, sondern den Gliedstaaten zu gute.

B. Die steigenden Ausgaben des Reiches waren somit trotz Zoll- und Steuererhöhung auf andere Deckung angewiesen.

1. Das Normale wäre gewesen, diejenigen Steuern zu mehren oder zu erhöhen, welche nicht an die Kassen der Einzelstaaten zu überweisen waren, weil Reichssteuern die Bevölkerung der Einzelstaaten doch gleichmäßiger belasten, als erhöhte Matrikularbeiträge. Allein von der Zuckersteuer abgesehen wurden weder die bestehenden, an die Gliedstaaten nicht zu überweisenden Steuern erhöht — nicht die Salz- und die Brausteuer, nicht die Wechselstempelsteuer oder der Spielkartenstempel und die statistische Gebühr —, noch wurden nennenswerte neue Steuern geschaffen. Auch die im Jahre 1902 geschaffene Schaumweinsteuer erbringt nach dem Voranschlag für 1903 nur etwa $4^1/_2$ Mill. Der Reichstag ließ sich wohl für Erhöhung des Ausgabebudgets gewinnen, die der Bundesrat vorschlug, aber das Odium der Erhöhung und Vermehrung von Nichtüberweisungssteuern wollte er nicht auf sich nehmen. 1881 fiel die Wehrsteuer, 1882 das Tabak-, 1886 das Branntweinmonopol, 1894 die Wein-, im gleichen Jahr und 1895 die Tabakfabrikatsteuer, 1894 auch die Quittungssteuer. Und ebenso, obschon nicht entfernt im gleichen Umfange, wie der Reichstag, hat der Bundesrat Ausgabevorschlägen des Reichstages zuge-

stimmt, ohne gleichzeitig seine Zustimmung von einer Erhöhung der Steuern, die zur Deckung dieser vermehrten Ausgaben notwendig gewesen wären, abhängig zu machen. Um wohl das bezeichnendste Beispiel anzuführen: er hat trotz des Bewußtseins, daß in kürzester Zeit diese Ausgaben aus laufenden Mitteln gedeckt werden müssen, 1901 einem von Reichstage angeregten besonderen Kriegsinvalidenversorgungsgesetze (v. 31. Mai 1901) zugestimmt, welches den Pensionsetat um 14 Mill. erhöhte, ohne diese Erhöhung nur bei Einräumung neuer Steuern seitens des Reichstages zu genehmigen [1]).

2. Man sollte erwarten, daß die erhöhten Ausgaben dann durch erhöhte Matrikularbeiträge gedeckt worden wären. Allein wie schon oben angedeutet, effektiv erfuhren dieselben seit 1879 nicht nur keine Erhöhung, sondern eine Minderung; zeitweise waren sie ganz eingestellt. 1872—1881 hatten die Gliedstaaten effektiv noch 82, 59, 51, 52, 56, 64, 70, 64, 25 Mill. Matrikularbeiträge geleistet. Seitdem leisteten sie nur 17 Mill. (1881), 1 Mill. (1882), 20 Mill. (1898), 13 Mill. (1899 und 1900); in dem Jahrzehnt 1883—1892 und den Rechnungsjahren 1894—1897 und 1901 blieben sie von Matrikularbeiträgen völlig frei. Nur einmal leisteten sie noch etwas mehr — 30 Mill. —, im Jahre 1893/94. Heute erklären sie sich außer stande, effektiv mehr als 24 Mill. aufzubringen. So viel wurden in die Etats für 1902 und 1903 eingestellt. Den Matrikularbeiträgen von 70 Mill. 1878/79 steht also nur ein Drittel im Jahre 1903 gegenüber.

3. Reichstag und Bundesrat fanden sich in der Erhöhung der Ausgaben zusammen, aber der Reichstag wollte nicht die Steuern, der Bundesrat nicht die Matrikularbeiträge erhöhen. So blieb lediglich ein Ausweg: Die Inanspruchnahme des Anleihekredits. Wie wir

---

[1]) Ähnlich die Reichsgesetze v. 15. März und 11. Mai 1902 über weitere Belastung des Reichsinvalidenfonds.

oben sagten, in dem Zeitraum von 1877—1902 stieg die Anleiheschuld des Reiches von bescheidenen 16 Mill. Mk. auf die überwältigende Höhe von 2733 Mill.

C. Welche Frage läge dem Vertreter des Staatsrechts näher als die: wie konnte dies rechtlich geschehen?

Nach Reichsverfassung Art. 73 darf die Aufnahme von Reichsanleihen nur „im Falle eines außerordentlichen Bedürfnisses" geschehen. Lag in allen den Fällen, wo die gesetzgebenden Faktoren den Weg der Anleihensaufnahme betraten, die Voraussetzung des außerordentlichen Bedürfnisses vor?

Nur auf einem doppelten Wege ging es an, zu einer so überaus starken Inanspruchnahme des Anleihekredits zu gelangen.

1. Erstens wurde eine Reihe von ordentlichen Bedürfnissen und zwar gerade zum Teil sehr kostspieligen im Etat statt als ordentliche als außerordentliche Ausgaben behandelt[1]).

a) Die Ursache hiefür war eine zu enge Fassung des Begriffes ordentliche Ausgabe. Ordentliche Ausgaben sind jährlich oder im Verlauf weniger Jahre wiederkehrende Ausgaben, also die regelmäßig wiederkehrenden Ausgaben im Gegensatz zu den außerordentlichen Ausgaben als denjenigen, die nur einmal auftreten oder unregelmäßig wieder sich einfinden.

Die zuständigen Organe des Reiches haben nun darin gefehlt, daß sie die Frage der regelmäßigen Wiederkehr nicht an dem großen Staatshaushalt im ganzen, sondern an der konkreten einzelnen Staatseinrichtung, nicht an der Gesamtheit der Einrichtungen eines Verwaltungszweiges, sondern an der individuellen einzelnen Anlage innerhalb eines solchen maßen. Für das einzelne Konsulatsgebäude ist die Vornahme größerer Reparaturen, für die einzelne Festung vielleicht die Vornahme von Einebnungs- oder Erweiterungsarbeiten, für

---

[1]) Siehe auch v. Mayr, Die Reichsfinanzreform S. 15; Köppe S. 32.

das einzelne Kriegsschiff die Herstellung eines Ersatzbaues keine regelmäßig wiederkehrende Ausgabe, wohl aber für die Gesamtheit der Konsulatsgebäude, für alle Reichsfestungen, für alle Kriegsschiffe bei größerer Zahl derselben. Dem Wesen des Budgets als einer Zusammenfassung, als einer Übersicht über die Einnahmen und Staatsausgaben aber entspricht, bei der Bemessung der Frage der regelmäßigen Wiederkehr den gesamten Verwaltungszweig als eine Einheit zu nehmen[1]). Hiegegen haben die Budget aufstellenden Faktoren des Reiches verstoßen.

Alljährlich fast finden wir im Reichsetat Aufwendungen für Vervollständigung des deutschen Eisenbahnnetzes im Interesse der Landesverteidigung, aber immer stehen diese Ausgaben unter den „einmaligen“, aus außerordentlichen Deckungsmitteln zu deckenden Ausgabeposten; sie bilden „einmalige Ausgaben des außerordentlichen Etats“.

Wenn jedes Jahr im Etat bei dem einzelnen Verwaltungszweig ein im Verhältnis zum Ordinarium hohes Extraordinarium wiederkehrt, so ist dies ein Beweis dafür, daß es sich hiebei nur teilweise um für den Verwaltungszweig insgesamt außerordentliche Ausgaben handeln kann.

Nehmen wir z. B. den Etat des Reichsheeres der letzten 20 Jahre, so stehen hier als einmalige Ausgaben des ordentlichen bezw. außerordentlichen Etats, d. h. im Sinne der allgemeinen Budgetsprache als außerordentliche Aufwendungen, die aus regelmäßigen bezw. aus außerordentlichen Deckungsmitteln (d. h. Anlehen) gedeckt werden, folgende:

---

[1]) Vergl. auch Schanz, Art. Budget im Handwörterbuch der Staatswissenschaften 2. Aufl. Bd. II S. 1155 ff.; derselbe im Finanzarchiv Bd. XX. (1903) S. 437.

	Mill. Mk.		Mill. Mk.
1884	6,8 + 22 = 28,8	1894	42,7 + 98 = 140,7
1885	9 + 23 = 32	1895	43,9 + 46,6 = 90,5
1886	9,6 + 44 = 53,6	1896	48,3 + 44,6 = 92,9
1887	16 + 153 = 169	1897	39,5 + 58,4 = 97,9
1888	11 + 176 = 187	1898	80,4 + 15,9 = 96,2
1889	17 + 146 = 163	1899	97,9 + 29,8 = 127,7
1890	42 + 277 = 319	1900	89,9 + 29,2 = 119,1
1891	40,6 + 95 = 135,6	1901	87,5 + 27,3 = 114,8
1892	38 + 107 = 145	1902	55,7 + 29,5 = 85,2
1893	44 + 106 = 150	1903	43,4 + 29,7 = 73,1
	234,0 + 1149 = 1383		629,2 + 408,9 = 1038,1

Das gibt zusammen:

an einmaligen Ausgaben des ordentlichen Etats	863,2	Mill. Mk.
" " " des außerordentlichen Etats	1557,9	" "
somit insgesamt	2421,1	" "

Das macht im Durchschnitt jährlich 121 Mill. Mk. Wenn aber solche außerordentliche Ausgaben für das Militärwesen in jedem Jahre notwendig sind und zwar während eines zwanzigjährigen Zeitraums in einer Durchschnittshöhe von 121 Mill. jährlich, d. h. am Militäretat des Jahres 1903 für fortdauernde Ausgaben, der 575 Mill.

ausmacht, gemessen in einer Höhe von 20 Prozent des regulären Militäretats, dann ist die Annahme gerechtfertigt, daß vom Standpunkt der Militärverwaltung als eines Ganzen, als einer Gesamtheit aller Militäreinrichtungen betrachtet, ein großer Teil dieser als „einmaligen Ausgaben" bezeichneten Aufwendungen für das Heerwesen in Wahrheit sich als regelmäßige wiederkehrende Aufwendung erweist.

Wohl besteht zwischen den beiden in Berücksichtigung gezogenen Jahrzehnten eine Ausgabendifferenz von 345 Mill. Mk. — für das Jahrzehnt 1. April 1884 bis 31. März 1894 wurden 1383, für das Jahrzehnt 1. April 1894 bis 31. März 1904 wurden nur 1038,1 Mill. Mk. veranschlagt, allein trotzdem ist es angesichts der beträchtlichen Jahresdurchschnittshöhe und ihres hohen prozentualen Verhältnisses zum Etat der als fortdauernd bezeichneten Militärausgaben nicht ungerechtfertigt, vom Standpunkt der Militärverwaltung als einer großen Betriebseinheit aus zwei Drittel dieser sogenannten einmaligen Ausgaben für in Wahrheit regelmäßig wiederkehrende, für ordentliche zu erklären. Das sind im ganzen 1800 Mill. Mk. Diese ganze Summe hätte daher nicht durch Anlehen gedeckt werden dürfen. In Wahrheit sind nur 863 Mill. hievon nicht aus Inanspruchnahme des Staatskredits, d. h. aus ordentlichen Einnahmen gedeckt worden. 937 Mill. mehr hätten aus Steuern und Matrikularbeiträgen aufgebracht werden sollen. Nahezu um 1 Milliarde wäre die Reichsschuld niedriger.

Eine ähnliche Rechnung ließe sich für die M a r i n e; insbesondere für die Hafen- und Hoch- und Schiffsersatzbauten derselben durchführen.

b) Eine zweite Ursache für die Behandlung in Wahrheit ordentlicher Ausgaben als außerordentlicher könnte einen Augenblick in einer unzutreffenden Auslegung der Worte des Art. 73: „im Falle eines außerordentlichen Bedürfnisses" erblickt werden.

Man könnte die Meinung vertreten wollen, aus dem Zusammenhange des Art. 73 mit den vorausgehenden Artikeln folge, daß Bedürfnis in Art. 73 lediglich im Sinne von Ausgabe stehe. Allein hiegegen spricht, daß es in Art. 73 nicht bloß heißt: im Falle eines außerordentlichen Bedürfnisses könne die Aufnahme einer Anleihe, sondern auch: im Falle eines außerordentlichen Bedürfnisses könne ebenso die Übernahme einer Garantie zu Lasten des Reiches erfolgen. Übernahme einer Garantie ist lediglich Begründung eines eventuellen Ausgabepostens, nicht auch Begründung eines Einnahmepostens. Also kann „im Falle eines außerordentlichen Bedürfnisses" nicht bloß bedeuten: im Falle der Notwendigkeit außerordentlicher Ausgaben, sondern: im Falle der Notwendigkeit außerordentlicher Ausgaben oder Einnahmen = im Falle eines außerordentlichen Bedürfnisses an Ausgaben oder Einnahmen.

Hieraus aber folgt: die Aufnahme von Reichsanleihen ist nicht nur statthaft, wenn außerordentliche Ausgabeursachen eintreten (z. B. außerordentliche Steigerung der Lebensmittelpreise und damit der Verpflegungskosten für Heer und Marine), sondern auch ohne dies bei Eintritt der Notwendigkeit außerordentlicher Einnahme für reguläre Ausgaben, ein Fall, der vorliegt bei außerordentlichem d. h. nicht fortgesetzt zu erwartendem, beträchtlichem Rückgang der Einnahmequellen.

Von diesem Gesichtspunkte aus waren daher die Zuschußanleihen gerechtfertigt, welche die budgetaufstellenden Reichsorgane, d. h. Bundesrat und Reichstag, in den letzten Jahren bei Aufstellung des Hauptetats wiederholt, teils eventuell teils unmittelbar, zur Deckung des Bedarfs auch von regulären Ausgaben vorsahen.

Eventuell geschah es in den Schuldentilgungsgesetzen, den sogen. leges Lieber der Jahre 1897 (27. März), 1898 (31. März), 1899 (25. März), 1900 (30. März), indem hier, um die Gliedstaaten vor Schwankungen in ihren Matrikularbeitragsleistungen zu bewahren, bestimmt wurde, wenn die als Effektivleistungen angesetzten Matrikularbeiträge des Etatsjahres die erhaltenen Effektivüberweisungen des zweitvorhergehenden Rechnungsjahres übersteigen sollten, habe der übersteigende Mehrbetrag unerhoben zu bleiben und sei „die infolgedessen zur Herstellung des Gleichgewichts im ordentlichen Etat erforderliche Deckung zu Lasten des außerordentlichen Etats" d. h. im Wege der Anleihe zu betätigen [1]).

Unmittelbar ist eine solche Zuschußanleihe vorgesehen im Voranschlag für das Rechnungsjahr 1903. Hier erscheint unter den Ausgaben des außerordentlichen Etats ein „Zuschuß zu den einmaligen Ausgaben des ordentlichen Etats" in Form einer „Zuschußanleihe", wie diese Anleihe ausdrücklich in dem Nebengesetz zum Etat für 1903 vom 28. März 1903 (über Verwendung von Mehrerträgen der Reichseinnahmen und Überweisungssteuern zur Schuldentilgung) genannt wird, in welchem Gesetze Vorschriften über die alsbaldige Tilgung dieser Zuschußanleihe enthalten sind.

2. Die andere, praktisch allerdings lange nicht so bedeutsame, Möglichkeit, zu einer so starken Inanspruchnahme des Anleihekredits zu gelangen, war dadurch gewonnen, daß man Ausgaben, welche als regelmäßig wiederkehrende, also ordentliche zu erachten waren, aus dem Etat wegließ.

Dieser Fall geschah bezüglich der Anlehensschuldentilgung. Seit 1877 jährlich nimmt das Reich Anlehensschulden auf. Betrug der Schuldenstand 1. April 1877 nur 16 Mill., so stieg er in den folgenden Jahren auf 72, 139, 218, 268, 319, 349, 373 Mill. Am 1. April 1885 waren es 410, ein Jahrzehnt später 2081 Mill.; am 1. April 1900 2298, 1. April 1902 2733 Mill. Jährlich fand eine Anlehensaufnahme statt. Hiedurch war zum Ausdruck gebracht, daß das Reich dieser Einnahmequelle für die Zukunft nicht zu ent-

---

[1]) Siehe hiezu die allerdings nicht realisierten Zuschußanleihen der Nachtragsetats vom 22. Juni und 1. Juli 1899.

behren vermag. Ist dies aber der Fall, so muß Vorsorge dafür getroffen werden, den Kredit des Reiches für die außerordentlichen Bedürfnisse der Zukunft leistungsfähig zu erhalten. Das erfordert indes Abstoßung der Schulden für schon erfüllte Aufgaben, also Tilgung der alten Schulden. Durch Aufnahme neuer Anlehen zu diesem Zwecke vermag dies nicht zu geschehen. Tilgung von Anlehen aus Anlehen ist keine Schuldentilgung, sondern Schuldenverwandlung, unter Umständen sogar — bei Verschiedenheit der Begebungskurse und der Zinsfüße — Schuldenvermehrung. Demgemäß kann die Tilgung nur aus ordentlichen Einnahmen erfolgen und daher lediglich eine regelmäßig wiederkehrende, eine ordentliche Ausgabe darstellen.

Hätte beim Reiche nun eine jährliche Tilgung der Schuldsumme stattgefunden — festgesetzt wegen der finanzwirtschaftlichen Unproduktivität der meisten Reichsschulden auf 1 Prozent des Gesamtschuldenstandes —, so würde die mit jeder Schuldaufnahme steigende Höhe der Tilgungsquote von dem Betreten des Schuldaufnahmewegs ebenso abgehalten haben, wie es jetzt infolge der Höhe der Schuldenlast der überaus hohe Betrag der Schuldzinsverbindlichkeit teilweise tut; ist doch die Ausgabe für Verzinsung der Reichsschuld allein in den letzten fünf Jahren, d. h. von 1899 bis 1903, etatsmäßig um 23 Mill. Mk. gestiegen. Für das Rechnungsjahr 1899 war diese Ausgabe auf 75 Mill. veranschlagt; im Etat für 1903 steht sie mit 99 Mill. Mk.

§ 3.

Die Notwendigkeit der Reform vom Standpunkt der Einzelstaaten aus.

Die Erörterung darüber, warum vom Standpunkte der Einzelstaaten aus gesehen, die Reform des Reichsfinanzwesens eine Notwendigkeit darstellt, ist, obwohl es hier nicht ein Grund nur, sondern zwei Ursachen sind, welche diese Reform dringend fordern, rascher erledigt. Denn hier handelt es sich in der Hauptsache um Allbekanntes und Unbestrittenes.

Der erste Grund, aus welchem wegen seiner Rückwirkung auf den Haushalt der Gliedstaaten eine Umgestaltung des Reichsfinanzwesens als notwendig erscheint, ist die Unberechenbarkeit des Eintritts und der Höhe der Matrikularbeitragspflicht auch nur für eine nahe Zukunft infolge des Umstandes, daß die Effektiveinnahmen des Reiches aus Zöllen und Steuern wegen deren Abhängigkeit von der Lage der Volks- und Weltwirtschaft häufig beträchtlich von den etatsmäßigen Voranschlagssätzen der Reichsbudgets abweichen und die Höhe der Beitragsleistung sich nicht nach dem im voraus veranschlagten, sondern nach dem effektiven Rechnungsergebnis bemißt. Hiedurch ist eine sichere Projektierung der Aufbringung der Mittel für größere innerstaatliche Unternehmungen und somit eine sichere Aufstellung der Landesetats außerordentlich erschwert. In Bayern z. B. war nach der Erklärung, welche der damalige Vertreter dieses Staates im Bundesrat, der jetzige Reichsschatzsekretär Freiherr von Stengel, am 13. Januar 1902 im Reichstag abgab, diese Unsicherheit und Schwankung der Beitragspflichten gegenüber dem Reich mit ein Grund, daß man unterließ, größere Ausgaben der einzelnen Dienstzweige, insbesondere für Neubauten, trotz ihrer Dringlichkeit auf laufende Mittel zu übernehmen; denn es war nicht ausgeschlossen, daß infolge unvorgesehener erhöhter Inanspruchnahme seitens des Reiches die für jene Zwecke bereitgestellten Mittel hätten an das Reich hinausgegeben werden müssen und daß so plötzlich, wollte man nicht zu einer Erhöhung der Steuern greifen oder die ständigen Ausgaben begriffswidrig als außerordentliche behandeln, ein Rechnungsdefizit vorhanden gewesen wäre.

Zu diesem ersten Grund kommt aber neuerdings ein zweiter. Die wirtschaftliche Stockung, welche seit zweieinhalb Jahren auf

Deutschland lastet, setzt die Einzelstaaten außer stand, durch Überweisungssteuern ungedeckte Matrikularbeiträge in beliebiger Höhe zu zahlen. Die Denkschriften zum Etat der Jahre 1902 und 1903 bezeichnen den Beitrag von 24 Mill. ungedeckter Matrikularbeiträge als das äußerste der Leistungsfähigkeit der Gliedstaaten. Somit heischt jetzt auch die Erhaltung der finanziellen und damit der politischen Selbständigkeit der Teilstaaten eine Umgestaltung des Reichsfinanzwesens.

Zweiter Abschnitt.

Die Durchführung der Reichsfinanzreform.

§ 4.

Die Reformmaßnahmen zu Gunsten des Reiches.

Auf welche Weise eine Umgestaltung der Reichsfinanzwirtschaft zu erfolgen hat, ergibt sich aus den Wirkungen der Ursachen ihrer Reformbedürftigkeit.

Für das Reich liegt die Reformbedürftigkeit seines Finanzwesens in der Tatsache der Höhe seines Schuldenstandes. Demgemäß müssen Änderungen eintreten im Gebiete des Schuldenrechts und der Schuldenpolitik, welche einer weiteren so beträchtlichen Steigerung der Anlehensschulden des Reiches vorbeugen.

I.

A. Die Rechtssätze, welche zum Zwecke der Hintanhaltung einer fortgesetzt erheblichen Steigerung des Schuldenstandes des Reiches aufgestellt werden müssen, sind folgende:

1. a) Erstens ist ein Rechtssatz notwendig, welcher ausspricht,

daß Bedürfnisse, welche zwar nicht für den Betrieb einer einzelnen konkreten Reichseinrichtung, wohl aber für den Betrieb eines ganzen Verwaltungszweiges oder den Haushalt des Reiches als eines Ganzen sich als voraussichtlich jährlich oder mindestens dreijährig wiederkehrende Ausgaben darstellen, etatsmäßig nicht als einmalige, sondern als fortdauernde (ordentliche) Ausgaben zu behandeln sind.

Auch soweit ordentliche Ausgaben bislang zwar als außerordentliche verbucht, aber aus ordentlichen Einnahmequellen gedeckt wurden, ist dieser Rechtssatz nicht überflüssig. Denn obwohl es effektiv ja gleichgültig ist, ob aus ordentlichen Mitteln gedeckte Ausgaben als außerordentliche oder als ordentliche Bezeichnung finden, bringt doch die buchmäßige Behandlung wirklich ordentlicher Ausgaben als ordentliche den praktischen Vorteil mit sich, daß es den das Budget vereinbarenden Organen schwerer fällt, im Ausnahmsfalle sich zur Deckung solcher Ausgaben aus außerordentlichen Mitteln zu entschließen.

b) Dazu gehört dann ergänzend im Interesse der Erhöhung der Etatsverständlichkeit eine Änderung der Benennungen für die Einteilung des Reichshaushaltsetats.

Die Bezeichnung des Gegensatzes ordentlich und außerordentlich muß für die Einnahmen und Ausgaben die nämliche sein. Gegenwärtig werden nur die periodisch wiederkehrenden Einnahmen ordentliche, die nicht periodisch wiederkehrenden Einnahmen außerordentliche genannt. Nur der Einnahmeetat zerfällt in einen ordentlichen und außerordentlichen. Die Ausgaben werden sich als „fortdauernde" und „einmalige" gegenübergestellt und lediglich die einmaligen in die Unterabteilungen „einmalige des ordentlichen" und „einmalige des außerordentlichen Etats" insofern zerlegt, als die einmaligen Ausgaben danach geschieden werden, ob sie ihre Deckung aus ordentlichen oder außerordentlichen Einnahmen finden. Einmalige Ausgabe des ordentlichen bezw. außerordentlichen Etats bedeutet also: Einmalige Ausgabe des ordentlichen bezw. außerordentlichen Einnahmeetats, will sagen: Einmalige Ausgaben, gedeckt aus ordentlichen bezw. außerordentlichen Einnahmen.

Diese Beschränkung des Gegensatzes ordentlich und außerordentlich auf die Charakterisierung der Einnahmen und die Bezeichnung des gleichen Gegensatzes der Ausgaben mit anderen Benennungen ermöglicht ja zweifellos eine Kürzung der Ausdrucksweise, allein, weil sonst doch allgemein üblich ist, auch von ordentlichen und außerordentlichen Ausgaben zu sprechen, nur eine Kürzung auf Kosten der Klarheit für die Vielen, für welche die Kenntnisnahme des Wortlautes des Reichsetats oder der an seinen Wortlaut sich anschließenden Gesetze (Schuldentilgungsgesetze, Flottengesetz) von Bedeutung ist, ohne daß sie Kenner des besonderen Sprachgebrauches dieses Etats sind. „Zuschuß zu Ausgaben des ordentlichen Etats“ kann nach der besonderen Ausdrucksweise des Reichsetats nur heißen „Zuschuß zu den nicht regelmäßigen (den „einmaligen“) Ausgaben“, welche aus ordentlichen Einnahmen zu decken sind, allein der Nichtkenner dieser besonderen Terminologie der Reichsfinanzverwaltung wird darunter sehr leicht „Zuschuß zu den ordentlichen Ausgaben“ oder wenigstens „Zuschuß zu den einmaligen und fortdauernden Ausgaben, die aus außerordentlichen Einnahmen zu decken sind“, verstehen. Wohl eröffnet jene besondere Terminologie die Möglichkeit, statt „durch ordentliche Einnahmen gedeckte (oder zu deckende) außerordentliche Ausgaben“ zu formulieren: „Ausgaben des ordentlichen Etats“, aber diese kürzende Terminologie steht zu sehr im Widerspruch mit dem allgemein üblichen Sprachgebrauche und veranlaßt so zu leicht mißverständliche Auffassungen.

Außerdem hat diese Beschränkung des Gegensatzes ordentlich und außerordentlich auf die unmittelbare Benennung nur der Einnahmen zur Folge, daß im Etat stärker der Unterschied hervortritt, ob eine Ausgabe aus ordentlichen oder außerordentlichen Mitteln gedeckt wird, als der, ob sie eine ordentliche oder außerordentliche Ausgabe *ist*, während doch die Art der Deckung erst eine an die Art der Ausgabe sich knüpfende Erscheinung ist. Jenes stärkere Betonen der Deckungsart in der Etatseinteilung führt sogar soweit, daß in dem Etat, trotzdem derselbe nur eine Übersicht darüber sein soll, wie eine Ausgabe gedeckt werden *will*, außerordentliche Ausgaben, welche zweckmäßigerweise aus ordentlichen Einnahmen gedeckt werden würden, aber nicht aus solchen gedeckt werden *wollen*, weil entsprechende ordentliche Deckungsmittel fehlen, im Ausgabenetat unter die Ausgaben des ordentlichen Einnahmeetats eingestellt werden und an ihrer Statt im Etat der auf die außerordentlichen Einnahmen angewiesenen Ausgaben ein Posten „Zuschuß zu den Ausgaben des ordentlichen Etats“ zur Einstellung gelangt.

Dies macht dann eine umständliche und damit unklare Formulierung des Etats notwendig. Statt für Deckung des Fehlbetrags vom Rechnungsjahre 1901 im Etat für 1903 zu schreiben:

Ausgaben	Mill.	Einnahmen	Mill.
B. Außerordentliche		B. Außerordentliche	
Fehlbetrag des Haushalts für das Rechnungsjahr 1901	48	Aus Anleihe	48

ist nämlich zu buchen:

Ausgaben	Mill.	Einnahmen	Mill.
B. Einmalige		A. Ordentliche	
a) des ordentlichen Etats		Zuschuß des außerordentlichen Etats	48
Fehlbetrag u. s. w. . .	48	B. Außerordentliche	
b) des ordentlichen Etats		Aus Anleihe	48
Zuschuß zu den Ausgaben des ordentlichen Etats	48		

Daß diese Buchung leicht verständlich ist, vermag nicht behauptet zu werden.

Volle Klarheit und leichte Verständlichkeit des Budgetschemas verlangt, im Etat selbst Ausgabe- und Einnahmeseite gar nicht in Beziehung zu setzen, d. h. auf der Ausgabenseite nicht anzuzeigen, ob eine Ausgabe in ordentlichen oder außerordentlichen Mitteln ihre Deckung findet oder gar finden sollte. Dies gehört ähnlich, wie in der kaufmännischen Bilanz, in die Etatserläuterung vor dem Strich, in einer Vorkolonne, wenn man es im Etat selbst anführen will.

Zu formulieren wäre also einfach:

Ausgaben	Einnahmen
A. Ordentliche	A. Ordentliche
B. Außerordentliche	B. Außerordentliche

Obwohl schon das Rechnungsjahr 1900 mit einem Effektivdefizit abschloß, wenn auch nur mit einem solchen von 1,8 Mill., und obwohl bei Aufmachung des Etats für das Jahr 1903 bereits angenommen werden konnte, daß auch das Rechnungsergebnis für 1902 mit einem Fehlbetrag endigen werde — unterdessen ist es auf 30,7 Mill. Mk. festgestellt —, so war es doch finanzwirtschaftlich gerechtfertigt, die Ausgabe für Deckung von Defizits nur als nicht periodische zu bewerten. Der Höhepunkt der wirtschaftlichen Krisis konnte als überschritten angenommen werden, war doch schon für 1902 ein geringeres Effektivdefizit als für 1901 zu erwarten. Gewiß wäre es nun finanzpolitisch das Richtigste gewesen, diese außerordentliche Ausgabe aus ordentlichen Mitteln zu decken; aber nachdem man sie nicht daraus, sondern aus außerordentlichen Mitteln gedeckt hat, war es im Interesse der Budgetklarheit zu vermeiden, die Ausgabe trotzdem im Etat als eine solche zu bezeichnen, welche aus ordentlichen Mitteln hätte gedeckt werden sollen [1]).

[1]) Dasselbe gilt für die Art der Verbuchung der „Verminderung der

2. Zweitens ist dann eine jährliche Zwangstilgung einer bestimmten Quote der Anleiheschuld gesetzlich einzuführen. In Preußen

Reichsschuld". Dieser Posten wird, wie früher dargelegt, von den das Budget feststellenden Faktoren fälschlicherweise als „einmalige Ausgabe" angesehen, aber wenigstens als eine solche, die aus ordentlichen Einnahmen gedeckt werden sollte. Allein es erhöht die Verständlichkeit des Budgets nicht, wenn dieser Posten unter die einmaligen Ausgaben des ordentlichen Einnahmeetats auch dann eingestellt wird, wenn die Schuldentilgung, was bisher immer der Fall war, nur aus außerordentlichen Deckungsmitteln erfolgt. Denn wenngleich diese Deckungsmittel dadurch bereit gestellt wurden, daß den Gliedstaaten weniger ordentliche Einnahmen (Zölle, Branntweinverbrauchsabgabe und Börsensteuer) überwiesen wurden, als ihnen nach regulärem Gesetze zugekommen wären, so geschah dies doch nur durch außerordentliche Gesetze, mittelst welcher diese ordentlichen Einnahmen des Reiches in außerordentliche insofern verwandelt wurden, als die Reichsverwaltung davon entbunden wurde, diese Einnahme zu einer ordentlichen Ausgabe zu verwenden. Infolgedessen blieb die betreffende ordentliche Einnahme dem Reiche im Einzelfalle und damit als außerordentliche Einnahme erhalten. Auf der Einnahmeseite des Etats bringt dies der Etatgesetzgeber auch deutlich zum Ausdruck. Im Etat für 1901 steht dem Posten der Ausgabeseite: „Einmalige Ausgabe des ordentlichen Etats: Zur Verminderung der Reichsschuld 9687304" auf der Einnahmeseite gegenüber: „Außerordentliche Deckungsmittel: Aus dem ordentlichen (Einnahme-)Etat zur weiteren Verminderung der Reichsschuld 9687304".

Anders liegt die Sache beim Marineetat. Auch hier finden wir z. B. im Budget für 1903 unter den einmaligen Ausgaben des außerordentlichen Einnahmeetats einen Posten „Zuschuß zu den einmaligen Ausgaben im ordentlichen Etat (der kaiserlichen Marine) 36 Mill." Allein hier hat dieser Posten nicht die Bedeutung, als wäre die Meinung der maßgebenden Reichsorgane die, daß diese 36 Mill. aus ordentlichen Einnahmen hätten bestritten werden sollen, sondern es sind, weil die als jeweilige Kosten der Erhaltung des bestehenden Schiffsbestandes (der notwendigen Ersatzbauten) anzusehende Summe nur mechanisch-prozentual berechnet wird (6 Prozent des jeweiligen Schiffsbauwertes der Flotte), die Ausgaben für Schiffsbauten unter den einmaligen Ausgaben nicht in solche des ordentlichen und außerordentlichen getrennt, sondern in einer ist eine solche durch Gesetz vom 8. März 1897 eingeführt. Sie beträgt seit dem Etatsjahr 1898/99 jährlich mindestens drei Fünftel Prozent der jeweils vorhandenen Staatskapitalschuld. Im Reiche wäre die Quote, weil es sich zumeist um Anleihen für staats wirtschaftlich nicht produktive Ausgaben handelt, auf ein Prozent jährlich zu messen. Es würden hiefür jährlich also zur Zeit rund 29 bis 30 Mill. erforderlich sein.

3. Drittens muß die Matrikularbeitragspflicht der Gliedstaaten, also das System der Matrikularbeiträge beseitigt werden. Denn solange diese Mitgliedschaftspflicht der Einzelstaaten besteht, schrecken die gesetzgebenden Faktoren weniger von Betretung des Anleiheweges zurück, weil in der Geltendmachung der Erfüllung dieser Bundespflicht immer das rechtliche Mittel zur Hand steht, die zur Verzinsung der neuen Anleiheschuld erforderlichen Einnahmen bereit zu stellen. Mit Wegfall der Matrikularbeiträge müssen die entsprechenden Deckungsmittel aus Steuern und ähnlichem gewonnen werden und dies versetzt sehr leicht in die Notwendigkeit, den unvolkstümlichen Weg der Steuererhöhung zu beschreiten.

Ergänzend hat die Beseitigung des Systems der Matrikularbeiträge überhaupt die Bedeutung, daß es von der Einsetzung neuer

---

Summe unter den einmaligen Ausgaben des ordentlichen Etats angegeben. Daß dies nach Meinung des Gesetzgebers nicht alles Ausgaben sind, welche durch ordentliche Mittel gedeckt werden sollten, bringt er dadurch zum Ausdruck, daß er hier den Zuschuß sofort von dem Ausgabeposten des ordentlichen Einnahmeetats abzieht (1901: Verwaltung der kaiserlichen Marine: „Einmalige Ausgaben des ordentlichen Etats 105 Mill.; davon ab: Zuschuß des außerordentlichen Etats 36 Mill.; bleiben 69 Mill.“ — und dann unter den einmaligen Ausgaben des außerordentlichen Etats: „Zuschuß zu den einmaligen Ausgaben im ordentlichen Etat 36 Mill.“). Demgemäß bedarf es hier auf der Einnahmeseite nicht auch eines besonderen Postens „Zuschuß des außerordentlichen Etats“ neben dem Posten „Außerordentliche Deckungsmittel aus Anleihe“.

Ausgaben in den Etat in stärkerem Maße abhält. Denn die Existenz einer solchen rechtlich unbeschränkten Beitragspflicht der Bundesglieder gewährte den gesetzgebenden Organen des Reiches die angenehme Position, neue ordentliche oder durch ordentliche Einnahmen zu deckende außerordentliche Ausgaben zu bewilligen, ohne für deren Deckung durch Steuern Sorge tragen zu müssen. Mittelst Geltendmachung der Matrikularbeitragspflicht überwälzten sie diese Sorge auf die Gliedstaaten.

B. Die Ein- und Durchführung dieser Rechtssätze erfordert aber weiteres:

1. Erstens die Beseitigung des Rechtes der Gliedstaaten auf Überweisung gewisser Einnahmen aus Zöllen und Steuern, also Aufgabe des Systems der Überweisungen[1]. Hat das Reich nicht mehr Anspruch und Aussicht auf Beiträge seitens des Reiches, so muß ihm als Ersatz für die ihm zur Deckung der vorhandenen ordentlichen Ausgaben entgehende Einnahme aus Matrikularbeiträgen die Einnahme aus den bisherigen Überweisungssteuern zur Deckung dieses seines eigenen Bedarfes zur Verfügung gestellt werden.

2. Zweitens erfordert die Behandlung aller ihrer Natur nach ordentlichen neuen Ausgaben als ordentliche und insbesondere auch die gesetzliche Einführung einer regelmäßigen Anlehensschuldentilgung die Erhöhung vorhandener oder die Einführung neuer Einnahmequellen.

Weil es not tut, die Reichsfinanzreform möglichst rasch durchzuführen, handelt es sich dabei vor allem darum, den Weg zu wählen, der politisch am leichtesten und schnellsten zu erzielen ist.

a) Ausscheiden muß von vornherein das Gebiet der direkten Besteuerung. Hier erfordert die Sicherung der finanziellen Selbständigkeit der Einzelstaaten sogar eine Änderung des bestehenden

---

[1]) So auch Schanz im Finanzarchiv Bd. XX S. 457.

Reichsverfassungsrechtes (Art. 4 Ziff. 2) dahin, daß dem Reiche zwecks Deckung von eigenen Ausgaben lediglich das Mittel der indirekten Steuergesetzgebung zustehen soll, es müßte dann eine direkte Steuer nach ihrem Wesen in sachlicher Beziehung vorzüglich mit einer finanziellen Einrichtung des Reiches stehen, wie dies z. B. bei der Wehrsteuer der Fall ist. An eine Reichseinkommensteuer oder Reichserbschaftssteuer der Abkömmlinge kann demgemäß nur bei äußersten Notfällen, im Falle unglücklichen Krieges, und auch dann allein im Wege der Verfassungsänderung gedacht werden.

b) Von den indirekten Steuern sind eine Erhöhung der durch die abzuschließenden Handelsverträge nicht gebundenen Finanzzölle, d. h. des Kaffeezolls und des Zolles auf andere Kolonialprodukte (Südfrüchte, Thee u. s. w.), Zuschläge zu den Verkehrssteuern, Lotterien und ähnliches zurückzustellen als Reserven für vorübergehende besonders ungünstige Lagen der Zukunft. Ebenso müssen Schanklizenzsteuer, Zündholzmonopol, zu welchem durch die jüngste Reichsgesetzgebung über das Verbot der Herstellung von Zündwaren aus gelbem oder weißem Phosphor v. 10. Mai 1903 der Weg geebnet wurde, Weinsteuer und alle Luxussteuern für in der Zukunft notwendig werdende Steuermehrungen in Reserve gehalten werden.

Bleiben also nur Zucker, Branntwein, Bier und Tabak.

Von diesen haben Zucker und Branntwein schon ihren großen Tribut zur Kräftigung der Reichsfinanzen geleistet. Die Zoll- und Steuereinnahmen des Reiches aus Bier haben 1901 etwa 40, die aus Tabak 66,6 Mill. Mk., dagegen diejenigen aus Zucker und Branntwein im entsprechenden Betriebsjahre 1901/02 103,6 bezw. 159,2 Mill. Mk. betragen.

Am geringsten ist von den vier genannten Gegenständen seitens des Reiches bislang das Bier besteuert. Auf das Hektoliter Bier kommen 1901 im Reichsbrausteuergebiet nur 0,73 Mk., in Bayern dagegen 2,05, in Elsaß-Lothringen 2,27, in Baden 2,51 Mk.; lediglich die Innensteuer genommen, entfällt abstrakt berechnet auf 1 hl Bier im Reiche 0,90, in Baden 1,80—2,60, in Württemberg 2,20, in den Reichslanden 2,45 Mk. Steuer, in Bayern 2,83. Aber eine Erhöhung derselben scheitert mittelbar an den Bierreservatrechten Bayerns, Württembergs und Badens. Wohl können diese Staaten unmittelbar eine Erhöhung der Reichsbrausteuer nicht hindern. Nach Reichsverfassung Art. 7 Abs. 4 haben bei Angelegenheiten, an welchen einzelne Staaten nach der Verfassung rechtlich nicht beteiligt sind — und das ist hinsichtlich der Reichsbrausteuergemeinschaft der Fall —, diese im Bundesrate kein Stimmrecht. Und auch hiegegen haben sie rechtlich keine Einsprache, daß infolge einer Biersteuererhöhung im Reichsgebiete die Ausgleichungsbeträge wachsen, welche sie in Prozenten der Einnahme des Reiches aus der Reichsbrausteuer nach Verhältnis ihrer jeweiligen Bevölkerungsziffer dafür an die Reichskassa zu leisten haben, daß ihre Untertanen zur Aufbringung der Reichsbrausteuer nicht beitragen; denn an der Vorschrift der Verfassung, aus dem sich dies ableitet — es ist Reichsverfassung Art. 38 Abs. 4 —, wird dadurch nichts geändert. Der Satz lautet: „Bayern, Württemberg und Baden haben an dem in die Reichskassa fließenden Ertrage der Steuern von Bier keinen Teil." Dieser Satz bleibt, denn es bleibt die Ausgleichungspflicht und der Maßstab ihrer Berechnung. Verändert wird lediglich die Beitragshöhe.

Allein nachdem diese Staaten, namentlich Bayern, auf die Einnahmen aus ihrer eigenen Biersteuer einen großen Teil ihres ordentlichen Ausgabebudgets basiert haben, würden dieselben sich p o l i t i s c h wohl energisch dagegen zur Wehr setzen, daß ihnen ein Teil dieser Einnahmen zur Deckung der erhöhten Ausgleichungsbeträge an das Reich entzogen würde. Freilich könnten sie daran erinnert werden, daß ihnen nach Reichsverfassung Art. 35 seit 1. Januar 1871 sogar die verfassungs r e c h t l i c h e Pflicht obliegt, ihr Bestreben darauf zu richten, ihre Biersteuergesetzgebung mit der des Reiches in Übereinstimmung zu bringen, dem Grundgedanken entsprechend, daß Deutschland ein Wirtschaftsgebiet darstellen soll. Allein auf diese Weise würde die Einmütigkeit der verbündeten Regierungen in Durchführung der Reichsfinanzreform gestört und diese ist wohl unerläßlich, soll die Reform bald und sicher erreicht werden.

Somit erübrigt als einziges Mittel, das die Aussicht eröffnet, frühestens zum Ziele zu gelangen, die stärkere Belastung des Tabaks, am besten in Form des Tabakmonopols, aber weil dies dermalen aussichtslos, in Form der Tabakfabrikatsteuer.

Der Tabak verträgt noch eine sehr starke Belastung, wie der Vergleich der Besteuerung desselben in den einzelnen Ländern dartut. Die in dieser Hinsicht von v. Mayr im Handwörterbuch der Staatswissenschaften 2. Aufl. Bd. VII (1901) S. 46 aufgestellte Tabelle ergibt für die zweite Hälfte der neunziger Jahre, was Großstaaten anlangt, folgende Steuererträgnisse in Mark pro Kopf der Bevölkerung: in Frankreich 6,87, in England 5,68, in Österreich 4,23, in Italien 3,87, in den Vereinigten Staaten 3,86, in Deutschland nur 1,18; also fast sechsmal weniger als in England, mehr als dreimal weniger als in der nordamerikanischen Union.

Nach den sachkundigen Ausführungen Georg v. Mayrs würde es möglich sein, mittelst Einführung einer Tabakfabriksteuer die Erträgnisse der Tabaksteuer um 100 Mill. zu erhöhen[1]) und damit die Summe zu gewinnen, welche zur Durchführung der Reichsfinanzreform nach Ansicht derselben Autorität als erforderlich anzusehen ist[2]). Sollte diese Summe nicht ausreichen, oder wollte in der Besteuerung des Tabaks nicht so weit gegangen werden, so wäre einerseits noch ausnahmsweise eine direkte Reichssteuer, die Reichswehrsteuer, mit 20 Mill. Mk., andererseits bis zum Bezug der erhöhten

---

[1]) Zur Reichsfinanzreform S. 30.

[2]) Reichsfinanzreform 14.

Zolleinnahmen von Inkrafttreten der neuen Handelsverträge an ein stabilisierter Effektivmatrikularbeitrag der Gliedstaaten von 24 Mill. als außerordentliches Deckungsmittel beizubehalten. Äußerstenfalls sogar wäre von den süddeutschen Staaten das Opfer zu fordern, in eine Erhöhung der Reichsbrausteuer zu willigen, einer Pflicht, der sie sich aus dem Grunde wohl nicht zu entziehen vermöchten, weil ihnen, wie schon bemerkt, nach Reichsverfassung Art. 35 die Rechtspflicht obliegt, ihr Bestreben darauf zu richten, eine Übereinstimmung ihrer Biersteuergesetzgebung mit derjenigen des Reiches herbeizuführen. Freilich ergäbe sich hieraus die politische Pflicht der übrigen Staaten, die bezügliche Gesetzgebung ohne Not nicht gegen das Einverständnis dieser Staaten umzugestalten. Sich infolge dieser Einnahmeerhöhungen ergebende Überschüsse müßten zu außerordentlicher Schuldentilgung Verwendung finden.

Um zur Tabaksteuer zurückzukehren, so verlangt der Übergang zu einer beträchtlichen Steigerung derselben allerdings ein Aufgeben der Abneigung gegen alle Massenbesteuerung, welche gegenwärtig die ausschlaggebenden Majoritäten des Reichstags beherrscht.

Diese einseitig sozialpolitische Auffassung der Besteuerungshoheit hat zum Teil die schlimme finanzielle Lage des Reiches verschuldet. Sie muß verlassen werden. Keine Sozialpolitik auf Kosten gesunder Finanzpolitik! Bestimmungen, wie die des Zolltarifgesetzes v. 25. Dezember 1902, daß die Mehrerträgnisse aus den Zöllen auf die wichtigsten Lebensmittel (Roggen, Mehl, Rindvieh u. s. w.) zur Erleichterung der Durchführung einer Witwen- und Waisenversorgung reserviert (§ 15), und vom 1. April 1910 ab von denselben Lebensmitteln keine Gemeindesteuern mehr erhoben werden dürfen (§ 13), sind finanzwirtschaftlich höchst bedenklich und praktisch undurchführbar. Die Macht der Tatsachen wird ihre Wiederaufhebung fordern.

Gewiß ist Besteuerung nach der Leistungsfähigkeit, also Bevorzugung der minderbemittelten Klassen bei der Besteuerung, eines der obersten Prinzipien rationeller Steuerpolitik, aber doch nicht das einzige. Steuer ist Beitrag zum notwendigen Staatsbedarf und dieser ist so groß, daß er nur auch bei Verteilung auf alle Staatseinwohner gedeckt zu werden vermag. Das notwendige finanzpolitische Prinzip der Besteuerung ist Allgemeinheit der Steuer. Nur bei einem Teil der Steuern vermag der Staat von diesem Prinzip abzusehen: die direkten Steuern sind diejenigen Steuern, welche der Verwirklichung des Prinzips der Besteuerung nach persönlicher Leistungsfähigkeit dienen, bei welchen daher eine Feststellung der persönlichen Leistungsfähigkeit erfolgt. Der Erfüllung des anderen Prinzips der Besteuerung, der Forderung der Allgemeinheit der Besteuerung, müssen die indirekten Steuern vorbehalten bleiben[1]). Sie selbst und bei fortschreitendem Wachstum der Staatsausgaben ihre Erhöhung lassen sich, soll die Finanzlage des Staates gesund bleiben, nicht entbehren. Die Besteuerung der Besitzenden reicht zur Deckung des Bedarfes nicht aus, soll nicht die direkte Besteuerung zu einem unerträglichen Druck schon an der untersten Grenze und mit der Steigerung nach oben mehr un dmehr zu einer tatsächlichen Expropiation werden, und selbst dann läge hierin keine nachhaltige Steuerquelle, denn der Enteignung sich nähernde Besteuerung vernichtet den Erwerbstrieb und „führt zu einem alsbald in Rückschritt übergehenden Stillstand des wirtschaftlichen Lebens[2]). Es muß eine Form der Besteuerung geben, bei welcher die Obrigkeit nicht unerbittlich zu bestimmten Terminen an den Steuerträger mit dem Zahlungsbefehl herantritt, sondern bei welcher der zu Besteuernde sich gleichsam selbst belastet, bis zu einem gewissen Grade selbst bestimmt, wie viel, und unter Umständen auch, ob er Steuer zahlen will.

Zudem kann aber gar nicht davon gesprochen werden, daß die Erhöhung der Tabaksteuer sozialpolitisch nachteilig wäre.

[1]) Fuisting, Grundzüge der Steuerlehre 1902 S. 22.

[2]) Derselbe S. 12.

Jeder Tabaksteuererhöhung hat man bisher noch das Bedenken entgegengestellt, dieselbe führe zu einem Rückgang des Konsums und damit notwendig zur Entlassung von Arbeitern. Kein einziger Tabakfabrikarbeiter mußte infolge der Erhöhung des Jahres 1879 entlassen werden. Der Tabakverbrauch ist seit 1881 ständig gestiegen. Und würde dem Reiche nachgewiesen, daß infolge der Erhöhung der Tabaksteuer Arbeiter entlassen werden müßten, dann könnten die Gliedstaaten die Verpflichtung übernehmen, sie einstweilen bis zu Ermittlung eines anderen Berufes als ungelernte Arbeiter in ihren Betrieben mit ihren bisherigen Durchschnittslöhnen zu beschäftigen, oder den Arbeitern von Reichswegen nach Analogie des Süßstoffgesetzes vom 7. Juli 1902 § 11 Abs. 4 eine Entschädigung zugesprochen werden. Ferner wird keineswegs „die Pfeife des armen Mannes verteuert". Hierin liegt eine ungerechtfertigte Übertreibung. Arm ist, wer das zur Erhaltung des Lebens oder der Gesundheit Unentbehrliche sich nicht mehr zu verschaffen vermag. Es wird also damit behauptet, als sei der Tabak selbst bei den Armen etwas Unentbehrliches. Allein der Tabak bildet für niemand ein unentbehrliches Lebens-, sondern für jedermann ein entbehrliches Genußmittel. Ein Genuß- und kein Nahrungsmittel: wird doch der Tabakkonsum erst nach Überwindung eines mehr oder weniger starken Unlustgefühls zu einem Genuß; ein entbehrliches Genußmittel: der weitaus größere Teil der Staatseinwohner raucht und schnupft nicht.

Also kann nur davon gesprochen werden, daß die Pfeife des einfachen, des weniger bemittelten Mannes verteuert wird. Aber hierin liegt keine unbillige Belastung desselben. Jede Klasse kennt Konsum nicht um des Bedürfnisses, sondern um des Genusses, des Reizes willen. Jede Klasse, jede in ihrer Art, treibt Luxus. Daher darf letzterer auch in allen Klassen besteuert und verteuert werden.

Dazu kommt aber, daß die Tabakfabrikatsteuer durch Abstufung der Steuer nach dem Wert der Fabrikate es sogar ermöglicht, die

Steuer gemäß der Leistungsfähigkeit abzustufen. Und überdies wird der Tabakfabrikant durch geringe Verschiebung der Qualität oder Verkleinerung des Formats das äußere Hervortreten der Steuererhöhung im Preise der niedrigeren Fabrikate möglichst schon in seinem eigenen Interesse hintanhalten [1]).

Das alles läßt die Tabaksteuererhöhung als nicht unbillig erscheinen.

II.

Zweitens — sagten wir oben — ist eine Änderung der Schuldenpolitik notwendig; d. h. es müssen mehr als bisher die Grundsätze der Finanzwissenschaft bei Führung des Reichshaushalts zu Worte kommen. Heeres- und Flottenvermehrung, Sozial-, Kolonial- und Pensionspolitik dürfen nicht auf Kosten gesunder Finanzpolitik getrieben werden. Zur Erhaltung und Entfaltung der Staatsmacht gehört auch ein festes finanzielles Gefüge des Staatsbaues. Der Staat darf seine Besteuerungspolitik nicht entgegen den Prinzipien gesunder Finanzpolitik gesetzlich festlegen, wie es im Flottengesetz hinsichtlich der den Massenverbrauch belastenden Reichssteuern geschehen, oder neue Steuereinnahmen Spezialzwecken vorbehalten, wie es im neuen Zolltarifgesetz hinsichtlich der erhöhten Lebensmittelzölle für Witwen- und Waisenversicherung geschah. Nur einem allen Verwaltungszweigen dienenden Zwecke mögen neue Einnahmen vorbehalten werden, wie es z. B. der Zweck der Schuldentilgung ist.

Werden alle diese Maßnahmen getroffen, so entfällt der Anreiz zur Betretung des Anleiheerhebungsweges.

---

[1]) S. hiezu Köppe, Reichsfinanzreform S. 94f.

§ 5.

Die Reformmaßnahmen zu Gunsten der Einzelstaaten.

Die Unberechenbarkeit des Eintritts der Matrikularbeitragspflicht im Einzelfalle und des Betrags der Höhe, in welcher sie zu erfüllen ist, fordert eine ziffermäßige Stabilisierung dieser Pflicht.

An sich würde also vom Standpunkt der Gliedstaaten aus eine Beseitigung des Matrikularumlagenprinzips nicht erforderlich sein und, so sehr gegen dessen Beibehaltung die Kopfsteuernatur desselben spricht, so ließe sich für die Fortdauer dieser Pflicht andererseits anführen, daß das Reich den Gliedstaaten die Sorge für den kostspieligsten Staatszweck, die Landesverteidigung, abgenommen habe und demgemäß außer dem einmaligen Äquivalent des Verzichtes auf die Zoll- und fünf großen Verbrauchssteuereinnahmen ein besonderes jährliches Äquivalent hiefür seitens der Gliedstaaten nicht unbillig sei. Allein, wie wir sahen, heischt das Interesse des Reiches Beseitigung der Matrikularbeiträge.

Aus dem vorgetragenen erhellt zugleich, daß die zu Gunsten der Gliedstaaten erforderlich erscheinende Reformmaßnahme für sich allein keine Erhöhung der Steuern notwendig machen würde. Denn würde der Gesamtmatrikularbeitrag der Bundesglieder auf seine gegenwärtige Ziffer 24 Mill. stabilisiert, so entstünde für das Reich kein Einnahmeausfall.

§ 6.

Schlußbetrachtung.

Wenn wir alles zusammenfassen, so ist das, was im Interesse der Gesundung des Reichsfinanzwesens und seiner Rückwirkung auf die finanzielle Lage der Gliedstaaten als notwendig erscheint, kurz gesagt Aufhebung der Frankensteinschen Klausel, Aufgabe der darin enthaltenen Prinzipien.

Was das Wesen derselben ausmacht, ist 1. Überweisung von

Reichseinnahmen an die Einzelstaaten, 2. Forterhaltung des Systems der Matrikularbeiträge im Interesse ungeschmälerter Erhaltung des Einnahmebewilligungsrechtes des Reichstages.

A. Wird die Beseitigung dieser beiden Prinzipien durch die gesetzgebenden Faktoren des Reiches gefordert, so wird von ihnen nichts völlig Neues, sondern nur die Fortsetzung dessen verlangt, was sie selbst seit dem Schuldentilgungsgesetze von 1896 freiwillig und wiederholt betätigten.

In den verschiedenen Schuldentilgungsgesetzen, welche das Reich seitdem erließ, hat es 1. die Quote der aus Zöllen und Tabaksteuer dem Reiche verbleibenden Einnahmen jeweils über 130 Mill. Mk. hinaus erhöht, also die Überweisungsansprüche der Gliedstaaten gekürzt, 2) die Matrikularleistungspflichten der Einzelstaaten jeweils für einzelne Jahre vor Schwankungen bewahrt, stabilisiert und dadurch das Einnahmebewilligungsrecht des Reichstags für einzelne Jahre geschmälert.

Von diesen Maßnahmen wiederholter Kürzung der Überweisungssteuern, der Stabilisierung der Matrikularbeiträge und der Schmälerung des reichstäglichen Einnahmebewilligungsrechtes auf Zeit ist nur ein kleiner Schritt zur Beseitigung jener Steuern und der Matrikularbeiträge und der Schmälerung des Einnahmebewilligungsrechtes des Reichstags auf Dauer.

Freilich erfordert dies Opfer. Opfer vom Reich: Verzicht auf die Matrikularbeiträge; Opfer von den Einzelstaaten: Verzicht auf die Überweisungen; Opfer vom Reichstag: Verzicht auf ein Einnahmebewilligungsrecht; Opfer vom deutschen Volk: neue Steuern. Aber jedem dieser Opfer steht auch ein Vorteil gegenüber; das Reich wird von der Überweisungs-, die Gesamtheit der Gliedstaaten von der Matrikularbeitragspflicht befreit. Für den Reichstag steht der Schmälerung seines Einnahmebewilligungsrechtes die Befreiung von einer Beschränkung seiner Ausgabebewilligungsfreiheit, die Befreiung von einer Ausgabebewilligungspflicht, der Pflicht, die Überweisungssteuern in Ausgabe zu setzen, gegenüber. Und für das deutsche Volk gilt: Lieber jetzt erträgliche Steuererhöhung, als in nicht allzuferner Zukunft schwer belastende.

B. Dazu kommt aber noch ein Doppeltes:

1. In den genannten Maßnahmen liegt erstens eine Rückkehr zu der ursprünglichen Reichsverfassung. Nach ihr sollen die Matrikularbeiträge nur eine provisorische Einnahmequelle sein — Reichsverf. Art. 70 — und Reichseinnahmen und insbesondere Reichssteuern sind nach ihr nur „zur Pflege der Wohlfahrt des deutschen Volkes" (Verfassungseingang), nur „für die Zwecke des Reiches" (Art. 4 Ziff. 2), also nicht „für die Völker der einzelnen Gliedstaaten", nicht für „Landeszwecke" verwendbar. Man hat wohl gesagt: Überweisungen an die Einzelstaaten sind rechtlich nichts anderes als Dotationen von Gemeindeverbänden im Einzelstaate, also wie diese Staatszweck; allein die Einzelstaaten stehen doch zum Reiche in einem anderen Verhältnisse, als die Gemeindeverbände zu ihnen. Letztere sind nur ihre Untertanen, erstere Teilhaber an der Reichsgewalt, Bundesglieder, Mitherrscher, nicht bloß Beherrschte.

2) Zum anderen aber würde das deutsche Bundesrecht mit Beseitigung des Prinzips der Matrikularbeiträge nur zu derselben Gestaltung gelangen, welche die übrigen vorhandenen bundesstaatlichen Erscheinungen der Gegenwart insgesamt tatsächlich aufweisen.

Wohl begegnet auch da, obschon nur vereinzelt, die Erscheinung, daß die Gliedstaaten Kostgänger des Gesamtstaates sind — die Einnahmen der schweizerischen Eidgenossenschaft aus dem Alkoholmonopol werden seit 1887 den Kantonen überwiesen; die Hälfte des Militärpflichtersatzes, d. h. der schweizerischen Wehrsteuer kommt den Kantonen zu gut —, aber überall ist der Gesamtstaat finanziell unabhängig von seinen Gliedern gestellt. Die Verfassung der Nordamerikanischen Union und der Vereinigten Staaten von Mexiko, Venezuela und

Brasilien räumt dem Gesamtstaat überhaupt nicht das Recht zur Erhebung von Bundesbeiträgen ein. Die Verfassungen der argentinischen Föderativrepublik und schweizerischen Eidgenossenschaft kennen zwar ein solches Recht; die argentinische Republik macht aber davon keinen Gebrauch und in der Schweiz ist Voraussetzung der Inanspruchnahme der Gliedstaaten ein besonderes Bundesgesetz, ein solches ist aber noch nicht ergangen.

D. Bisher scheiterte die Reichsfinanzreform an dem Widerspruch des Reichstags. Möchte es diesmal den verbündeten Regierungen unter Einsetzung aller verfassungsmäßigen Mittel gelingen, die dringend notwendige Fortbildung der Ordnung unseres gesamtstaatlichen Finanzwesens zur Wirklichkeit werden zu lassen. Augenblicklich ist der günstigste Zeitpunkt für diese Umgestaltung, denn dermalen fließen den Gliedstaaten effektiv keine Überweisungen vom Reiche zu. Sie haben sich also, wenn auch zum Teil mit großen Schwierigkeiten, auf diese veränderte Sachlage, auf das Fehlen einer bedeutsamen Deckungsquelle auch ihrer ordentlichen Ausgaben bereits eingerichtet und in dem Augenblick, in welchen sich keine Überschüsse der Überweisungen über die Matrikularbeiträge ergeben, entbehrt die Frankensteinsche Klausel für die Einzelstaaten materiellen Gewichtes.

E. Theoretisch betrachtet, bedeutet die Durchführung der Reichsfinanzreform die Rückkehr zu einer Führung des Reichshaushaltes nach finanzwirtschaftlichen Prinzipien.

Wie die Schwierigkeiten des Reichsfinanzwesens durch Außerachtlassung dieser Prinzipien entstanden und wie die Beseitigung dieser Schwierigkeiten nur im Wege der Rückkehr zu diesen Prinzipien möglich ist, das war es, was wir skizzieren wollten. Für die Zukunft folgt hieraus die Parole: Kämpfen, zähes Kämpfen um Aufrechterhaltung dieser Prinzipien gegen alle, auch die besten Versuche, dieselben zum Vorteile anderer Reichsinteressen zurücktreten zu lassen!